Let's ゆるポタライフ

たのしくおしゃれに
自転車生活
はじめませんか？

こいしゆうか

監修 山下晃和

山と溪谷社

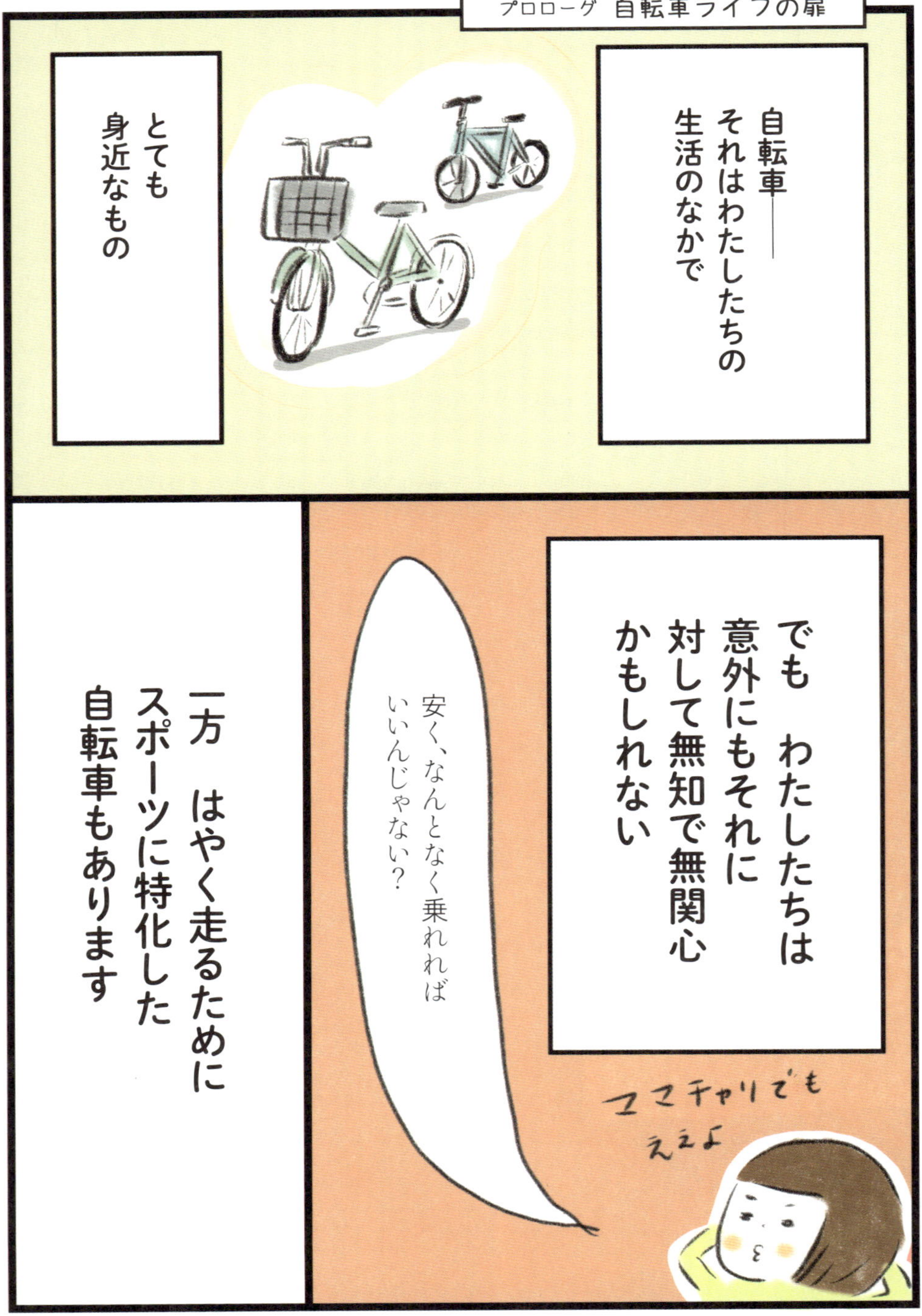
自転車——それはわたしたちの生活のなかで
とても身近なもの
でも　わたしたちは意外にもそれに対して無知で無関心かもしれない
安く、なんとなく乗れればいいんじゃない?
ママチャリでもええよ
一方　はやく走るためにスポーツに特化した自転車もあります

この本はただの移動手段である自転車と ←-----→ スポーツ競技の自転車の間の自転車ライフのお話です
自転車のお散歩＝ポタリングといいます
なので体力のあるなしは関係ありません
この本の取材をしてわかったのは自転車に乗るということは移動であり運動でありファッションであり旅でもあるということ

そんな可能性を秘めているすごーく身近な自転車のこと知ってもらいたい!!
よろ
だって
これらの悩みも実は自転車で解決!!
なんてこともあるから!!
最近運動不足で
旅好きだけどクルマがない
電車通勤つらくて
おしゃれな自転車欲しいけど高いなー

いろんな人がいるように
いろんな自転車ライフがあります
そんな一例としてわたしが自転車ライフにはまっていく日常をマンガにしました
友人と師匠と
自分にとってもよき自転車ライフが見つかったらうれしいです!!

Let's ゆるポタライフ

目次

協力=サイクルスポット https://cyclespot.jp/
rinproject http://www.rinproject.com/

挿画=こいしゆうか
ブックデザイン=加藤雄介（呉事務所）
校正=越湖雄次
編集=稲葉 豊（山と溪谷社）
thanks to 犬神影空さん、かよちゃん

第1章

自転車との出合い

主人公の友人
かよみ
もじ
もじ
ゆうかさん、はっきりいって自転車のことどう思う？
え？急に？
えーと…しいていうなら便利な乗りもの…くらい？
そんな改まっていわれても….
ズバリ
えへへ♡
わたしと自転車ライフはじめない？

全く
おいつか
ない
え？ ナンデ？
どういうこと？
実は…
1年ぶりにA子に会ってきたのよ…
ごめん!!
お待たせー
あっ
!?
ひさしぶりー
ドーン
以前
ゆるふわ
え?!
A子!?
なんかやせた!?
ってか
キレイになった!?

えーそう？
去年くらいから
通勤を自転車に
変えたの!!
そしたら自然に
趣味になっちゃった!!
体にもいいし
たのしいよー
へー…
と、いうわけなの
回想おわり
ごめん
よくわからない
ね？
やせたい話？

わたしたち
おととし ジョギング がんばった じゃん?
1年でやめたね
ヨガもやったよね
細々つづけてますが
自転車だったら 移動しつつ ときには散歩のように ときには旅のように 遊びながら やせられるんでは!?
ハイハイ
あ〜なるほど
こんたんは よめた

ダイエットはおいといても
でも自転車気になってたなぁ
たまにステキな自転車乗りいるよね
スタイリッシュ
ファッション的にもかっこいい〜♡
あと街にふらっとかっこよく自転車でいくのなんか都会っぽいシティーガール!!
田舎者の発言
シティーガール!?
ここ東京やで
でもさー
うん

自転車ってなんか難しくない？
やっぱり!!
だよね!! ロードとクロスって何？
ギャー
ワイ
ギアって何!? メンテナンスしなきゃダメ!?
ギャー
ワイ
わたし 3年前にクロスバイクってやつ買ったけどパンクが怖くて乗れない
自分で直せない

わたしは実は輪行ってのにあこがれて
これできるよー
これにします
ワケもわからず買った
買ったものの何もせず日常使いで早5年…
あ、持ってたの？
ちょっといいやつ
そちらこそ
そう
なんとなく乗るから卒業したい!!
でしょ!?
せっかくなら少しでもおしゃれにそして有効活用してビバ健康に!!（やせたい）

というわけで後日
イケメーン
はじめまして かよみさん!!
ペカー
こ…この人は
近所の 自転車オタクの モデルの人
!?
ナニソレ
オタク!!
※プロです
いや 2人のハナシを こいしさんから 聞いてね
わたしが前 自転車買うときに ちょっとお世話になったの
ちゃんと教えてもらおうよ
イケメンで いい人 だよ

ぼくは いろんな人に自転車を もっと知ってほしいと 思っているからね
ぜひ協力させてよ!!
いい人〜
イケメンでいい人!! ステキ!!
では よろしく お願い しまっす
こうして 2人の自転車 ライフが 幕を開けるので あった

第2章

ゆる〜くポタリングにいこう

さっそく自転車を教えてもらいます
お待たせー!! さっそく乗ろうかー!!
か かっこい〜♡
ばーーん
はい
ヘルメット着用!!
サイズをしっかり合わせて調整してね
はーい

サドルの高さを
調整して
こんな感じで
ひ〜〜〜
クロスバイクのサドルの位置は腰骨の高さくらいがベストだよ
プル
プル
またがってペダルを一番下にしたときヒザが軽く曲がる程度かつま先が地面にギリギリつくとこかな

※自転車も車両という区分になるため、歩道または路側帯と車道の区別のある道路では基本的に車道を通行しなければならない。車道部分は中央から左側の部分を通行する

うっ…なんかひさしぶりで…
ぐら
ぐら
怖い!!
自転車怖い!!
前を向いて進んで!
下向きスギっ
ふつうの自転車と違って少しクロスバイクは前のめりになるから
空気抵抗低
ふぉ〜〜
じゃっかん最初は怖いけど慣れれば走りやすいよ

サッ
？
キキーッ
あ、ごめん
停止っていう
意味だよ
前の人が急に止まっても
ぶつからないように
うしろに向けての
サインがあるんだ
なるほど
グループで走るときとか
サインを知っていると安全に走れるね

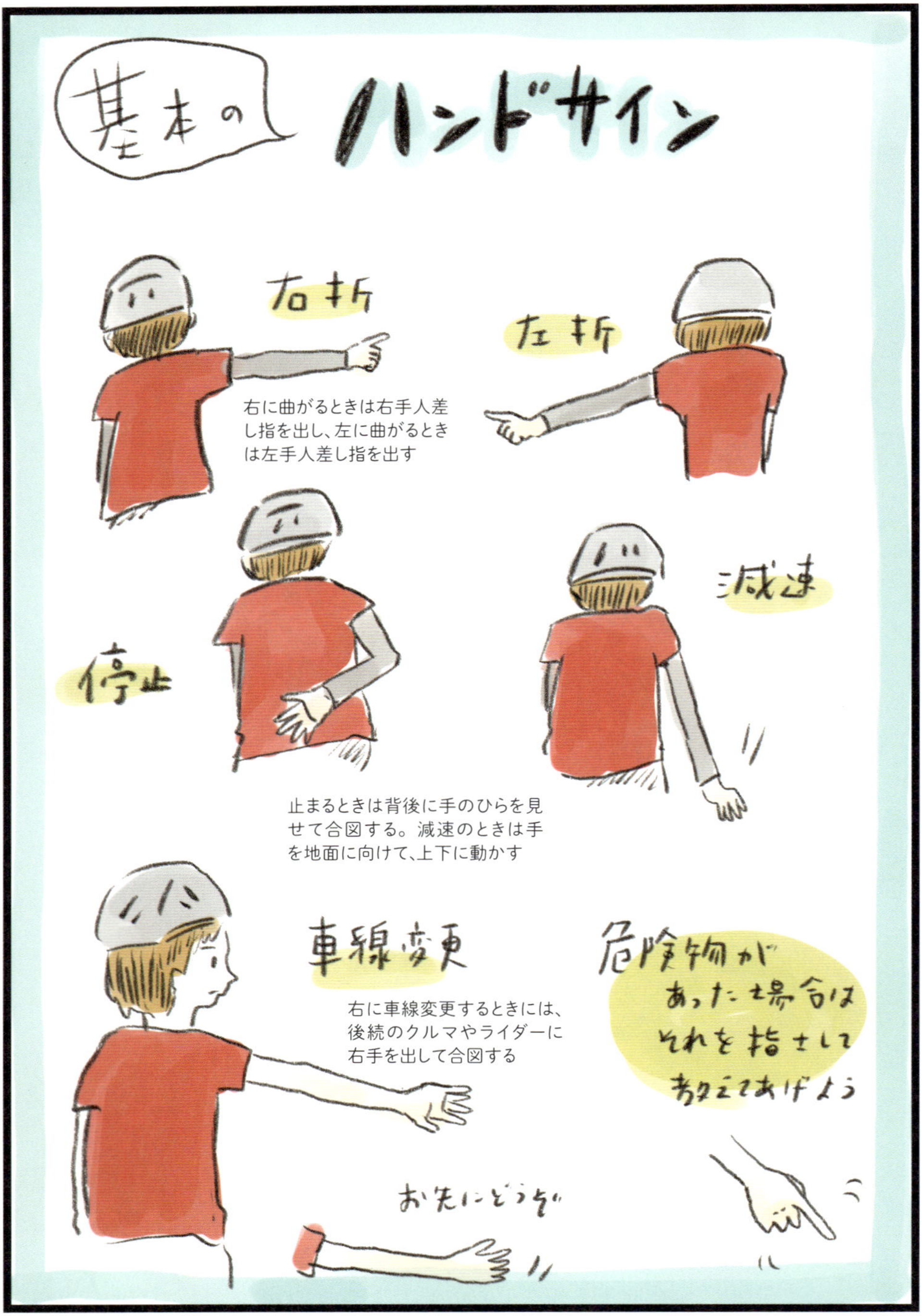
基本のハンドサイン
右折
左折
右に曲がるときは右手人差し指を出し、左に曲がるときは左手人差し指を出す
停止
減速
止まるときは背後に手のひらを見せて合図する。減速のときは手を地面に向けて、上下に動かす
車線変更
右に車線変更するときには、後続のクルマやライダーに右手を出して合図する
危険物があった場合はそれを指さして教えてあげよう
お先にどうぞ

ビッ
あ゛、止まれ゛?!
ギュ
キキッ
ごめん2人とも
?
今日のお昼
カレーにしようと
思ったら休みだった
定休日
カレー好き
↓
ガーン

えっと、わたし ひと駅離れていますけど おいしいカレーの お店知っています!!
もうカレーのことしか考えられない!!
ほら、ここ!! どうでしょー
うん
本日のカレー売り切れました
ドドーーン
ガーン!!
もう14時だしねー ほか探そうか? 近場で

いや!!
うおーおおおお!!!
ここはカレーの街!!
マイカレーデータ
必ず、まだカレー屋さんがあるハズ!!
あった!!
バーン
ネグラ
だけどさっきのとこまでまた戻ります!!
うお
やった!!
無事
バン!!
カレーに到着!!
うまい!!
ポタリングのあとのカレーは倍増しておいしいかも!!
カレー屋をめぐって大体5、6㎞走ったしね
しかもすごいはやく

ふんふん
さすがに歩きだったら
あきらめてましたもん
もぐ
もぐ
あと2kmの距離が
すっごくはやかった
クロスでも
ロードでも、
スポーツ向けの
自転車なら
女の子でも
平均20km／hで
走れるよー
はやー!!
今日みたいな
お散歩は
ポタリングっていうんだよ
ポタリングて
かわいいひびき
軽いお散歩サイクリングって
感じかな
距離で
いうと…

1日の移動距離は
ポタリングでも
30kmくらいがふつうかな
ロードだと
50以上かな
何？
その表情
散歩が
その
キョリ？
その定義
散歩の限度
超えてますって
6kmで
つかれてるのに
30km走ったら
カレー何杯食え
るんですか
あげませんよ
え…

でも今日の
スピードだったら
3、4時間も走れば
余裕だよ
う〜ん
いや、わたくしたちは
ムリなく!!
たのしく!!
自転車散歩を
したいのです!!
我ら
体力0人間!!
あくまで
徒歩より
ラクに!!
バッ!!
ちょっとだけ
遠くに!!

1日10km以下のゆるポタリング
名付けて
つまりラクしてたのしみたい!!
ゆるポタライフ宣言です!!
さ
そしたら次は自転車屋にいきたいです!!
えっ!? もう食べたの!?
スチャッ
ん
なので…
改めて自転車選びからはじめたいです!! ゆるポタライフのために!!

山下先生の自転車マメ知識 ①

最低限知っておきたい 自転車の各部名称

自転車はパーツ名が英語表記となっている。初心者はその全部を覚える必要はないが、トラブルが起きたとき、どこがおかしいのかわかるように、最低限、覚えておいたほうがいい名称をあげておく。これらのパーツの名前を覚えることで、メンテナンスやカスタマイズも身近なものになるだろう。

反対側

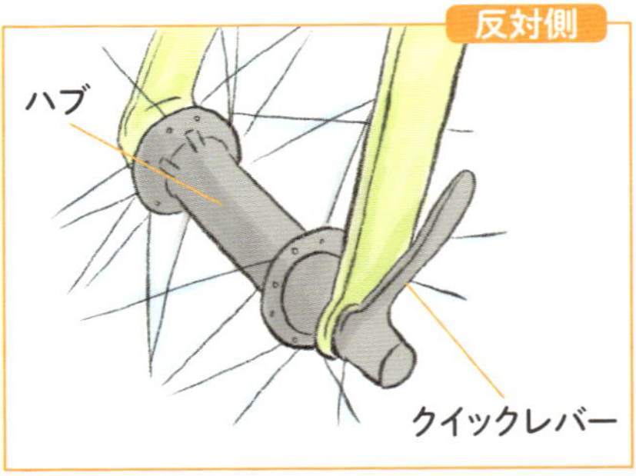

スマホで検索！

交番で聞く

商業施設！

おまけ

駐輪場の賢い探し方

一番簡単なのは、スマートフォンの地図アプリで「自転車駐輪場」と検索することだ。それでもわからなければ交番へいって、その場所を聞く。この方法が一番確実だ。また、大きな商業施設には有料の駐輪場があるはずだ。

第3章

マイバイクを探しに自転車屋さんへ

le.cÿc
ルサイク渋谷店
ここ
ぼくの行きつけ
なんだ
ういーっス
おー
いらっしゃい!!
ズラーーッ

自転車の種類

マウンテンバイク

山も街も走ることが
できるので、アウトドアに
持っていくならコレ

文字通り、山道も走ることができる自転車。タイヤが大きな凸凹パターンになっていてトレイルや砂利道も走破する。サスペンションというバネが付いているので、クッション性あり。タイヤが太い分、街乗りのスピードは遅いが、パンクのリスクも少なく、どんな路面でも安定感があり、ハンドルもまっすぐなのでアウトドア派の人に向いている。

小さく折りたためる
フォールディングバイクは
持ち運べるんだよね

折りたたみ&小径車

小径車は、その名の通りホイールが小さな自転車。小回りが利いて、細い路地裏などが得意。サドルやハンドルの高さを変えられるものが多いので、男女兼用で乗れるのもいい。なかには折りたためるものもあって、部屋に入れておくことも、クルマのトランクに入れることも、電車や飛行機に積むのもラクちん。

ロードバイク

ロードバイクは、舗装路でのレースで勝つために極限の軽さを追求した選手向けの自転車。カーボンやチタンなどの軽量な素材で作られるものは非常に高価。アルミ素材のものが少し安い。スピードを出すためドロップハンドルを装着していて、前傾姿勢になる。レースに出たい人向け。

そもそもはロードレースに出るためのバイクで舗装路をはやく走ることにたける

クロスバイク

ロードバイクと同じ700cというタイヤの大きさなんでわりとはやいよ～

クロスバイクは、値段が安く、街乗りに特化した舗装路向けのタイヤを装着した自転車。ママチャリよりも車体が軽く、制動力があって、ロードバイク並みにスピードも出る。ハンドルがまっすぐになっていて乗りやすいポジションで、オプションによってキャリアや泥よけが付けられるため通勤から旅まで何でもござれ。

へー
いろいろあるんだねー
わたしが持っているのは
クロスバイクかな
わたしもクロスバイクだったー
自転車を買うときの目安ってあるんですか？
目安ねー
簡単にいうと
・重さ
・タイヤがはずしやすいか
・デザイン!!
かな
えっ？
そんだけでいいんですか
なんかもっとあるでしょう
わかんないけど
うん、いい
ハッキリ

まずは重さ
自転車の重さは走りや持ち運びに影響してくるよ
とくに登りとか、段差で持ち上げるときとか
ママチャリは車重20kgくらい
ロードバイクは車重8kgくらい
軽いほど値段が高くなるのも特徴だけどね
ふーん
?
次のタイヤのはずし方って何ですか?
例えばこれ前タイヤのところ見てみて

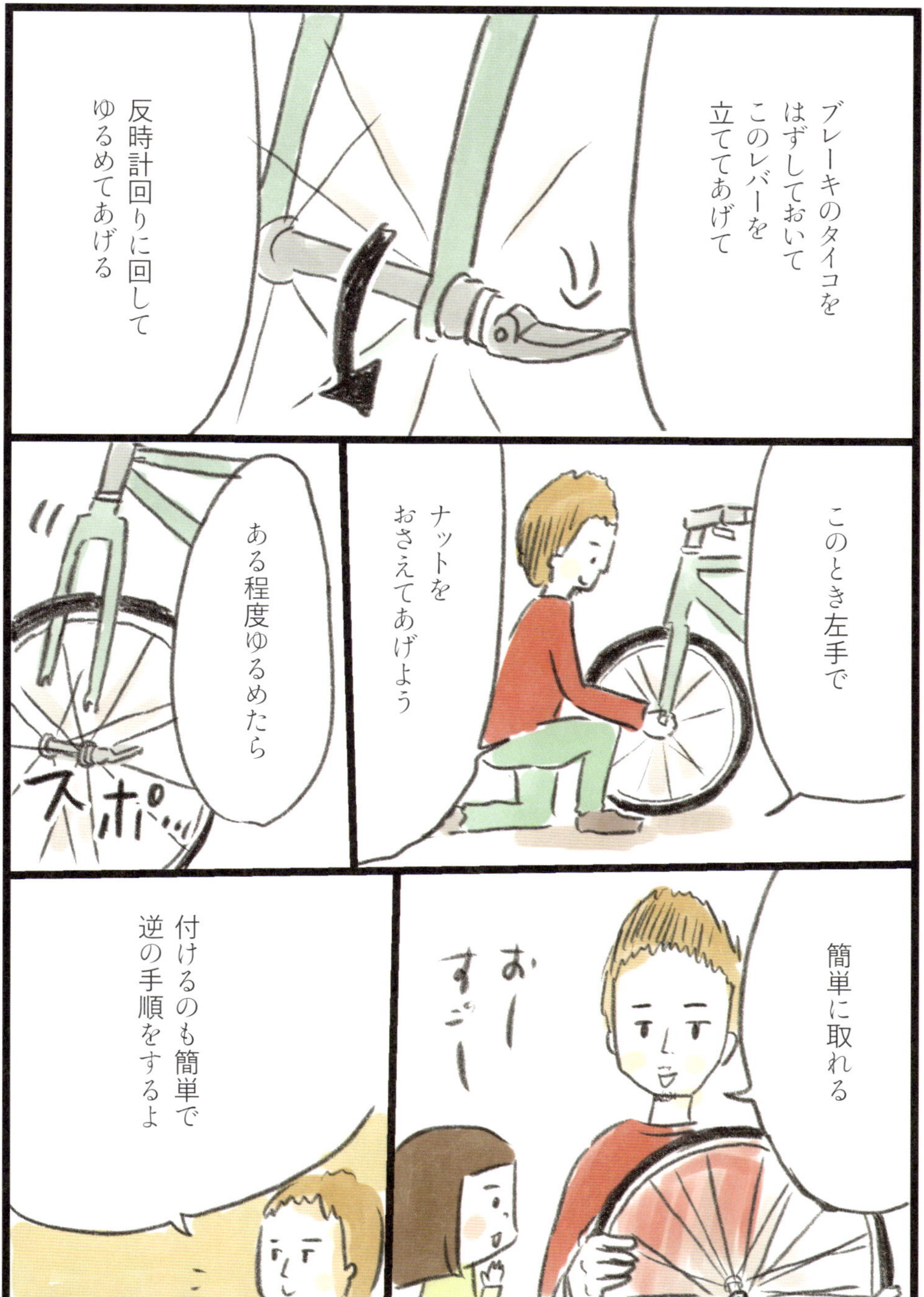
ブレーキのタイコを
はずしておいて
このレバーを
立ててあげて
反時計回りに回して
ゆるめてあげる
このとき左手で
ナットを
おさえてあげよう
ある程度ゆるめたら
スポ…
簡単に取れる
おー
すごー
付けるのも簡単で
逆の手順をするよ

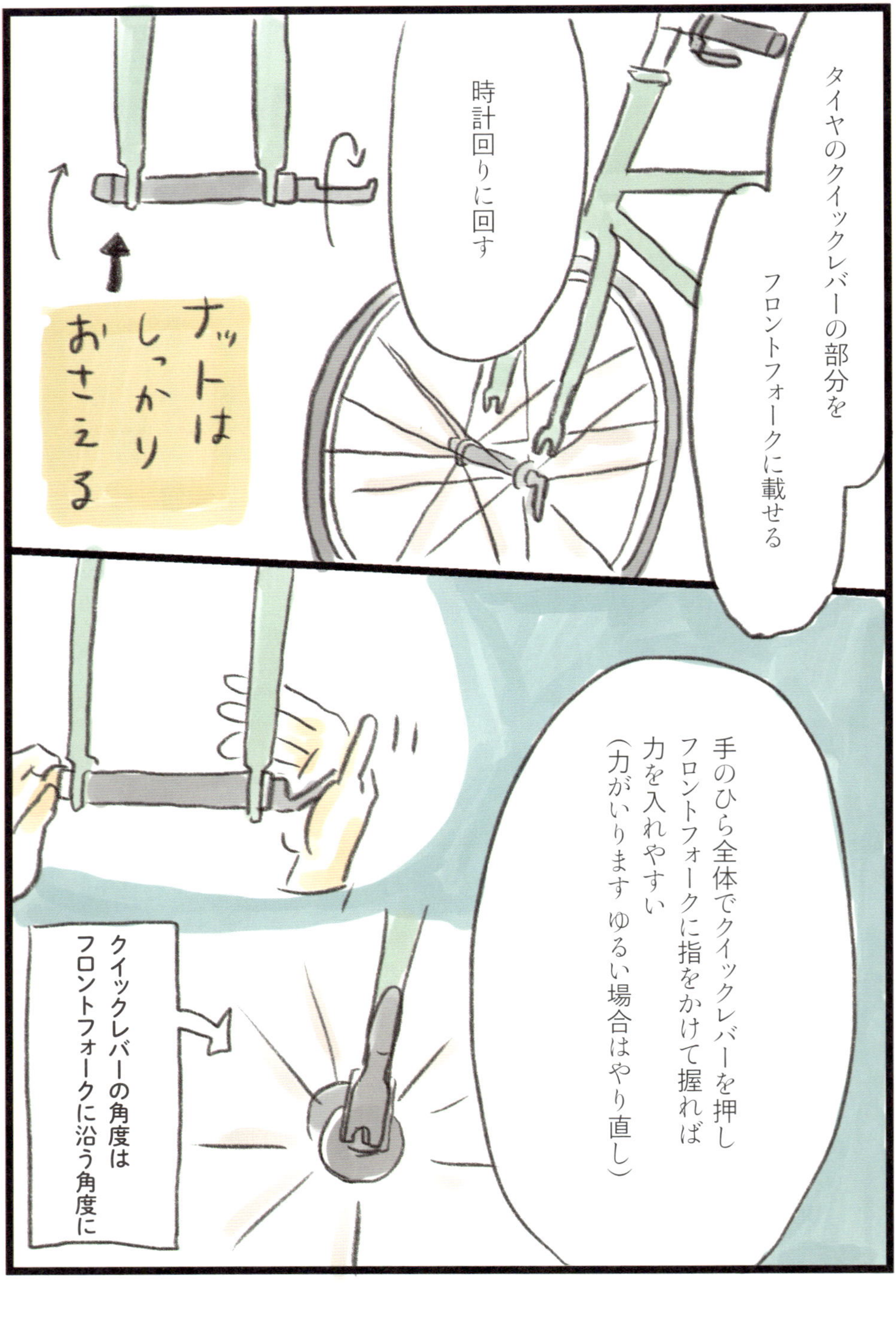
タイヤのクイックレバーの部分を
フロントフォークに載せる
時計回りに回す
ナットはしっかりおさえる
手のひら全体でクイックレバーを押し
フロントフォークに指をかけて握れば
力を入れやすい
（力がいります ゆるい場合はやり直し）
クイックレバーの角度は
フロントフォークに沿う角度に

へー、思ったよりもタイヤの取りはずしが簡単なんですね
クイックレバーがあるものがいいのかーでもなんで取りはずしが必要なの？
レバー
主にパンク修理のときに便利だね
あとは輪行かな
輪行!!
あこがれのやつ
電車に自転車を載せるためにはタイヤをはずして袋に入れる必要があるからね

へー!!
こんだけタイヤをはずすのが簡単ならできそうですね!!
うんうん輪行ポタリングもいいかもだね!!
最後にどんな旅にも連れていきたくなるデザイン!!
ビッ
人も自転車も見た目が9割!!
色・形かっこよさ!!
むく
理想のタイプならぬ理想の自転車
まぁあとからカスタマイズって方法もあるしね

あと補足するなら自分が乗っているところを想像して
実際試乗するのもいいね
ふむイメージか…
うーん　自転車でビュンビュン走るのもいいけど
シャーーッ
いろんな場所でボンヤリだらだら
タラ
タラ
?
走れる自転車があったら欲しいなぁ

ん？ この自転車
小さーい かわいー
あこれ？ 折りたためるんだよー
じゃん
かわいい!!
トランスフォーマー!!
——決めました！
旅…
ゆるポタで…
旅する…
わたし…

わたし　これ買います
え?!
買うの?!
これ一目ぼれです!!
え？　ちょっと高めだよ
いいんです
タイヤ小さい分ちょっと遅いよ
無問題!!
折りたたみ自転車ゲット!!
ドーン!!

Column

山下先生の自転車マメ知識 ②

自転車を買うときに 一緒に買っておいたほうがよいもの

ワイヤータイプ

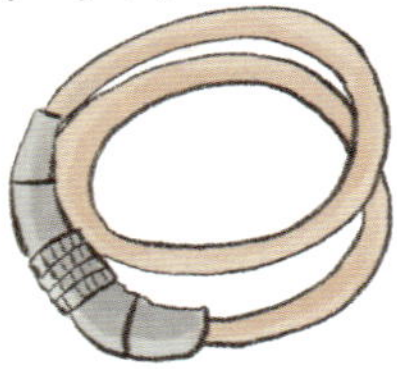

U字ロックタイプ

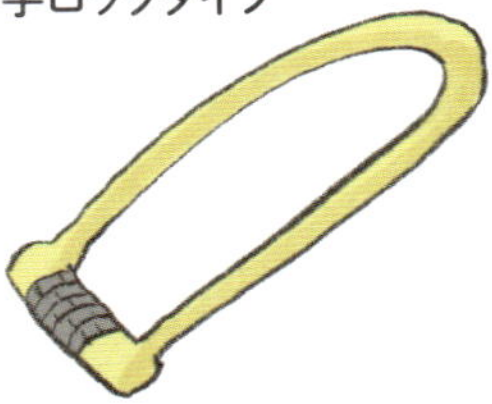

①カギ
（ワイヤータイプとU字ロックタイプ）

治安がよい日本でも、カギはかけておきたい。ワイヤータイプは長さがあっていろいろなところに括れるが、カットされることもある。不安な人や高級な自転車に乗っている人はU字ロックタイプのもののほうがおすすめだ

フロント用

リア用

マルチツールタイプのアーレンキー

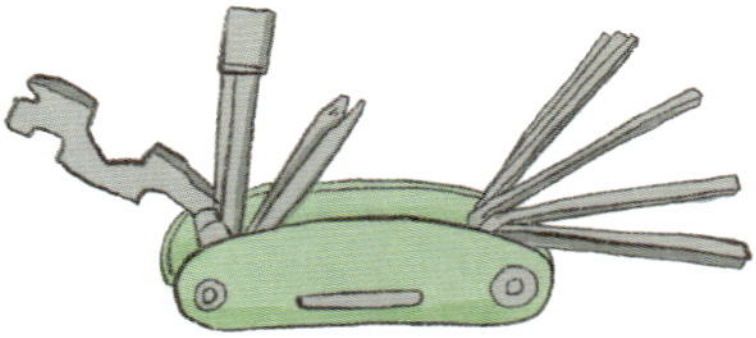

②ライト（フロント用とリア用）

夜間走行時に灯火類を点けていないと法律違反なので、前後そろえて買っておきたい。現在はLEDのものが主流。前後で4,000円くらいだ

③工具（マルチツールタイプのアーレンキー）

パーツ類は六角ネジで固定されている場合が多いので、アーレンキーが必須。ドライバー付きのマルチツールタイプだとより便利だ

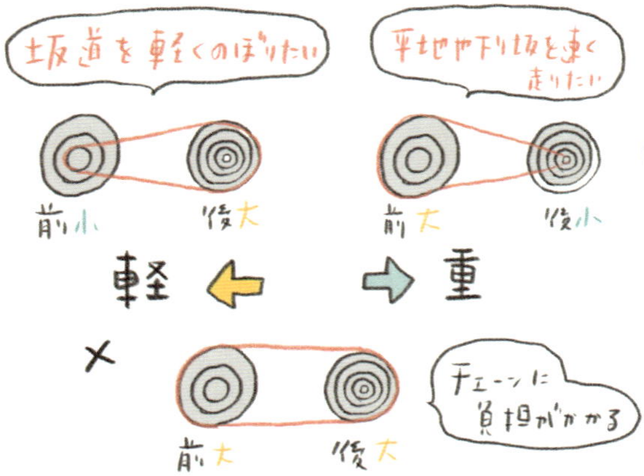

おまけ

フロントに3枚のギアがあるバイクの場合、ふだんは真ん中のギアにしておけば安心で乗りやすい。そして、登れそうにない坂が現れたときは、坂道に入る前に、前後ともに軽いギアにしておくこと。坂道の途中でギアチェンジをしてペダルを強く踏むとチェーン切れの原因にもなる

第4章

パンク修理さえできればもう何も怖くない

自転車を
買ってみたは
いいものの
バーコちゃん（名付けた）
かわいいやーん
高かったけど
かわいいやーん
一番
おそろしいこと
パンクとか
したらどうしよう
さばくだー
ヘルプー
＊イメージ

まわりに自転車屋さんもなくて人もいなかったとき頼れるのは自分だけ!!というわけで教えて先生
今日はわたし1人です
OK
くそっ…
イケメンすぎてハナヂ
パンクはリアタイヤのほうがしやすいよ
うしろに重心がかかるから
だからうしろのタイヤでやってみよう
↑リアタイア
パンクは主に2種類
・ふつうのパンク
石やクギなどを踏んでしまい、一気に空気が抜けるパンク。走れなくなる
・スローパンク
小さな穴が開いていて、気づかないうちに少しずつ空気が抜けているパンク

工具はこの2つだけ
タイヤレバー
素材がある
携帯ポンプ空気入れ
少ない
あとは自分の自転車に合ったチューブが絶対必要
タイヤチューブには
小径車20インチ
MTB26インチー29インチ
ロードバイク700c
などのサイズがあって
仏式　英式　米式といった
バルブの種類があるから
注意して
パッチを使った
修理よりも
チューブを
交換するのが
おすすめだよ
チューブは大体千円くらいだし
チューブ…が中に入ってる…?
ということは

タイヤの中に
チューブがあって
それを取り替えるって
ことですね!!
ここに
チューブ
そこからの話!!
へ〜
たしかに
そうかー
……
じゃ、気をとりなおして
まずリアタイヤをはずします
ここ
① チェーンを外側に
小さい
ギアに
入れます
ギアチェンジが
付いている場合は
スプロケットという
ギザギザの歯車があるので
前後とも一番外側にしておくと
はずしやすいです
とはいえ
どこでもはずれるので
ギアチェンジがあるかないか
知っておくだけでもよいでしょう

② ブレーキをはずす

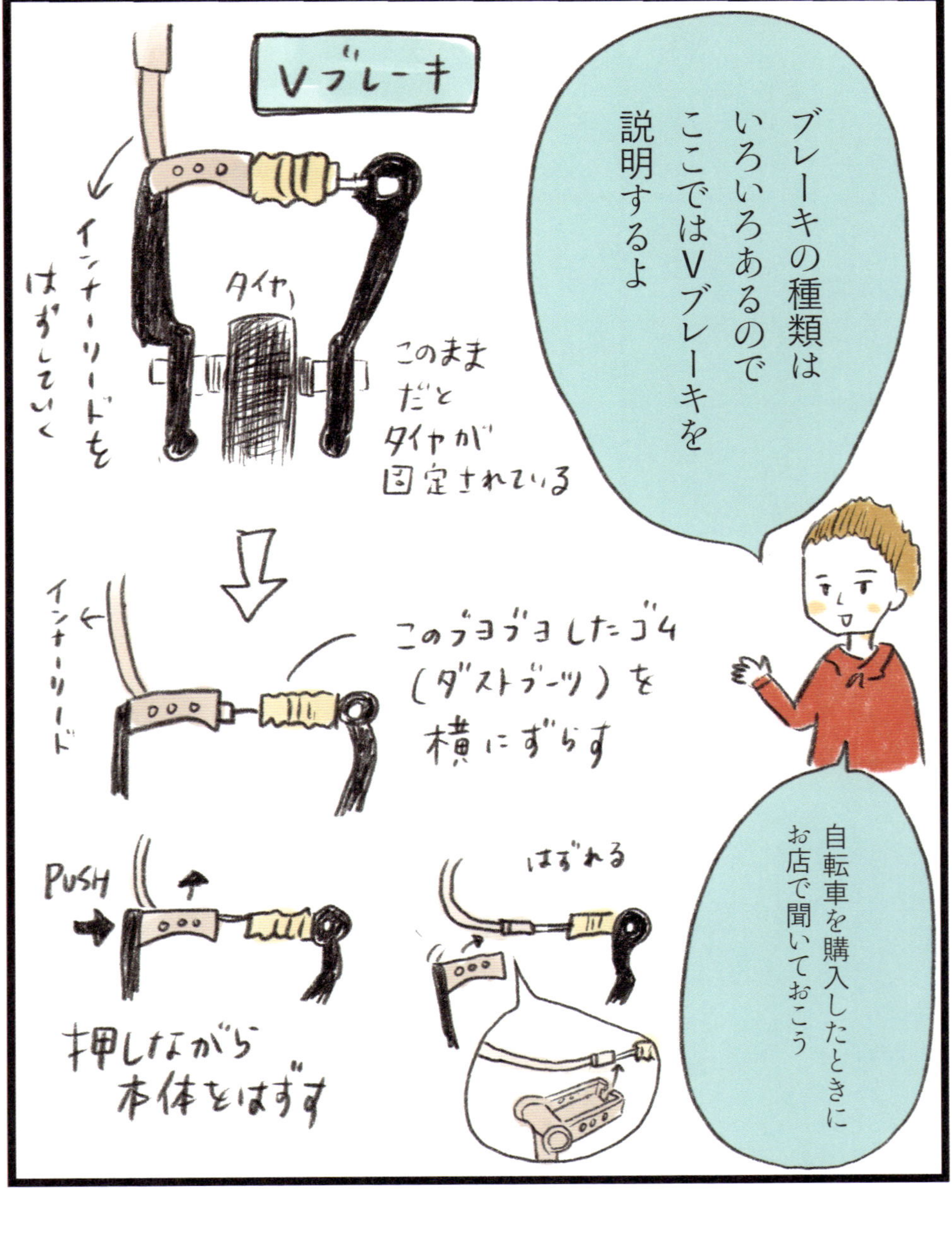

Vブレーキ
ブレーキの種類はいろいろあるのでここではVブレーキを説明するよ
インナーリードをはずしていく
タイヤ
このままだとタイヤが固定されている
インナーリード
このブヨブヨしたゴム(ダストブーツ)を横にずらす
PUSH
押しながら本体をはずす
はずれる
自転車を購入したときにお店で聞いておこう

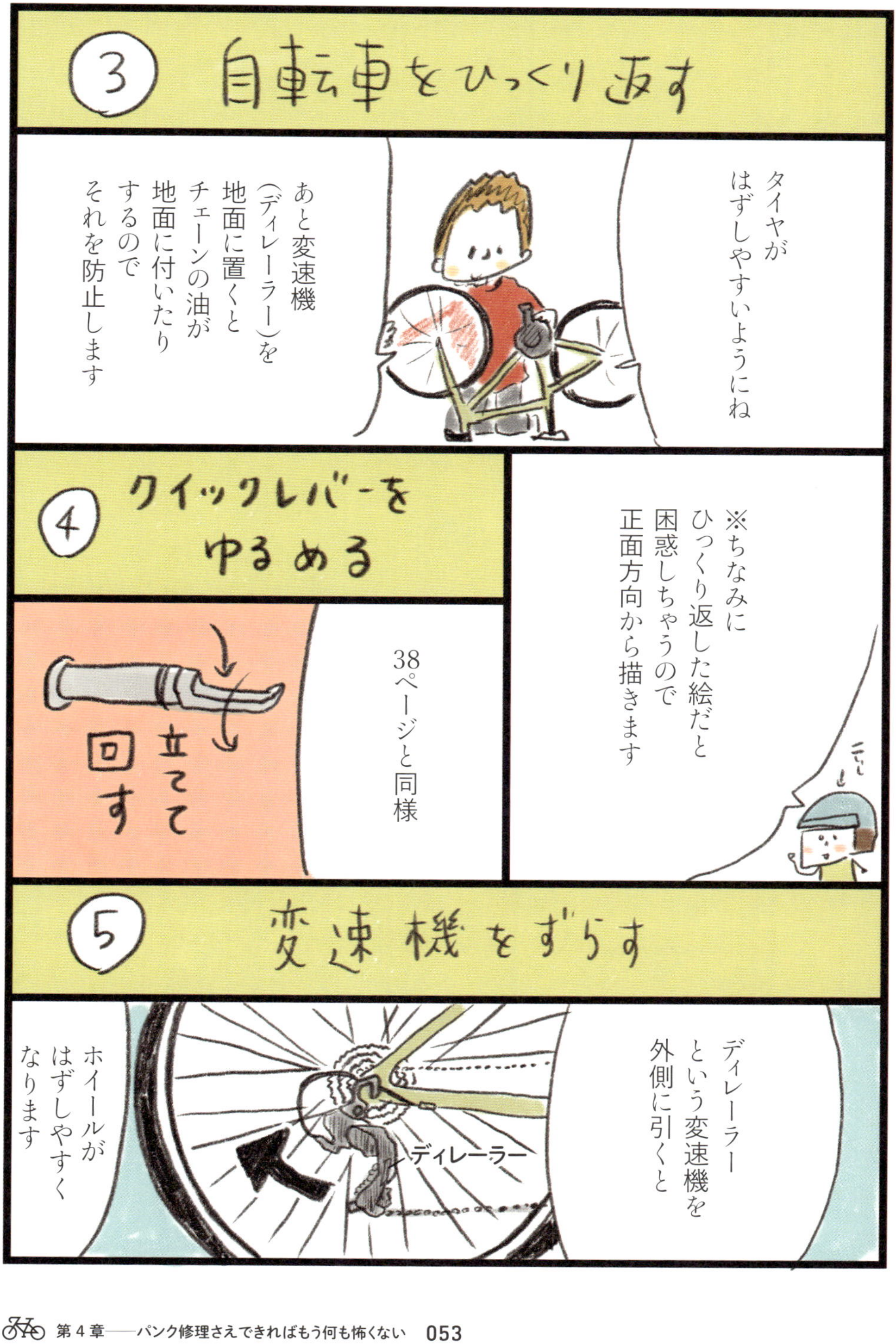

③ 自転車をひっくり返す
タイヤがはずしやすいようにね
あと変速機（ディレーラー）を地面に置くとチェーンの油が地面に付いたりするのでそれを防止します
④ クイックレバーをゆるめる
※ちなみにひっくり返した絵だと困惑しちゃうので正面方向から描きます
38ページと同様
立てて回す
⑤ 変速機をずらす
ディレーラーという変速機を外側に引くと
ディレーラー
ホイールがはずしやすくなります

⑥ 器具をつかってタイヤをはずしてく
タイヤを取ったら空気を少し抜きバルブナットをはずして
ここ
タイヤ
タイヤのビード(フチの部分)を手で挟んで内側に落とし込む
ぐぐっ
そしたらこれの出番
タイヤレバー
浅く差し込む
1本目の近くに2本目も差し込む
支点
力点
作用点
これを繰り返してテコの原理でタイヤをはずしていくとあとは手ではずせるようになるよ

⑦ チューブをとりはずす

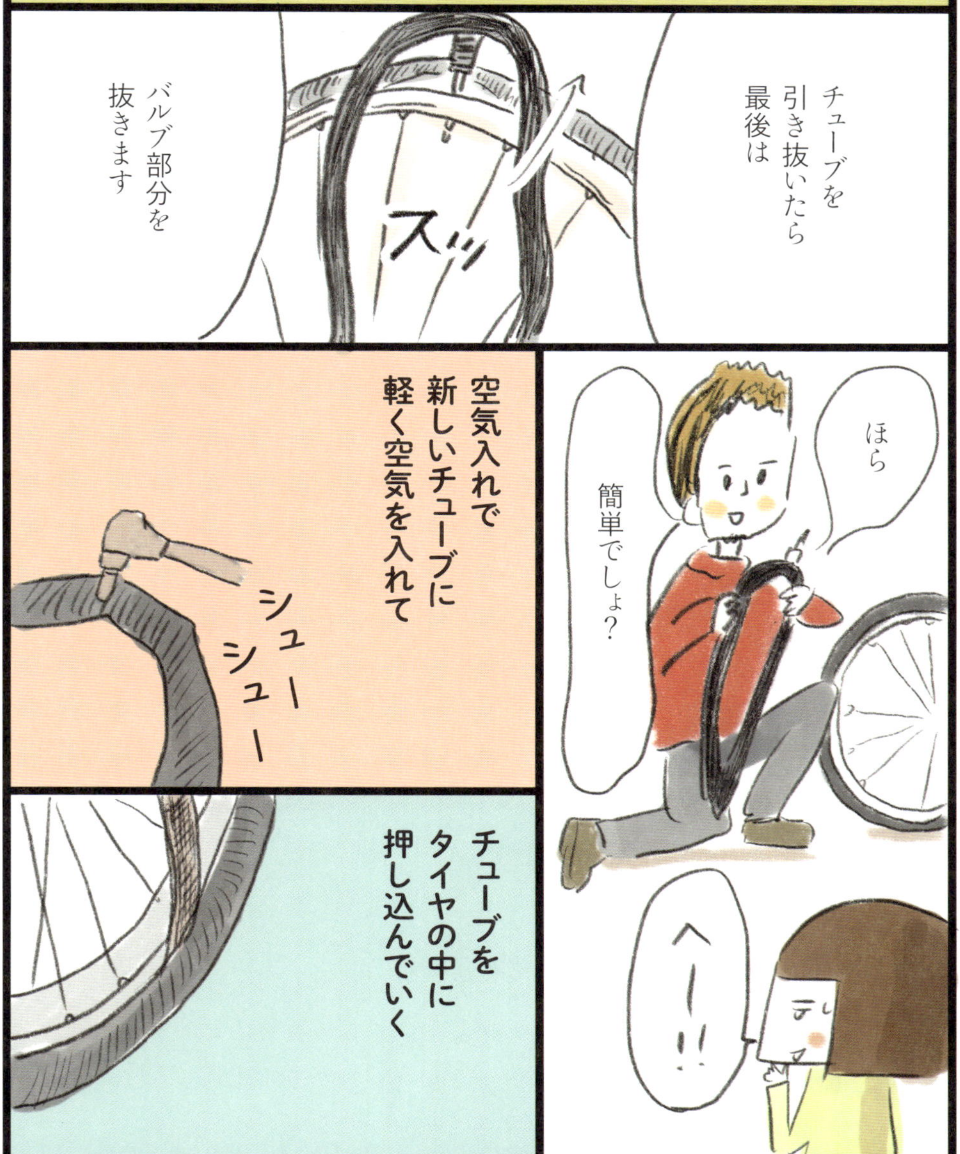

手でやりづらければ
タイヤレバーを
つかうのもいいよ
チューブがリムに
かんでいないかを
チェックしたら終了!!
はい!!　完成!!
じゃーん
おー!!
なんか思ったより
簡単っスね
あとは日々の
メンテナンスも
しっかりね
って、
何すれば?

日々のメンテナンス

やらなきゃいけないことはこの3つだけ！

1 空気圧のチェック＆空気入れ

タイヤの空気は自然に抜けてしまうものなので、乗る前に必ず指でチェック。パンクしている場合は、ペタンコになっていることもある。そのまま走り出すとリムを傷つけてしまう

空気入れに付いているメーターをチェックして、タイヤの空気圧が適正値になるまで空気を入れる。タイヤによって適正な空気圧が違うので、タイヤに書かれている数字を確認すること

2 ブレーキのチェック

ブレーキレバーを握り、車体を前後に動かし、しっかりとタイヤが止まるかどうかを見る。動くようであればブレーキシューがうまくリムに当たっていないので要調整

3 各部のゆるみのチェック

ハンドルとフレームをつなぐステムのネジ、シートポストとフレームをつなぐシートポストクランプなどのネジがゆるんでいないかをチェック。六角レンチをつかってチェックするとよい

チェーンオイルの注入は
1カ月に一度か
500㎞走行に一度でよいよ〜
それと
自転車はなるべく雨に
濡らさないこと!!

＊屋根がない場合は
カバーなどをかけておこう

よし!!
これで大丈夫
パンクもメンテナンスも!!
できる気がしてきました
ポタライフ!!
というわけで
山下先生
ん?
バーンッ
次回はここを
鎌倉
ポタリング!!
えっ
輪行っ
はい!!
せっかく折りたたみだし

折りたたみますしー
せっかくなら遠いとこ散歩したーい
パンケーキー
江ノ電〜
大仏ー
あ!! もちろん友人のかよみちゃんもいくので!!
こことー ここいきたーい
いや いいんだけど かよみちゃん 輪行の仕方知らないでしょ
あっ
そういえば
完全に忘れたな
ま、いいよ!! では次回は輪行の仕方ね!!
お願いしまーす!!

山下先生の自転車マメ知識 ③

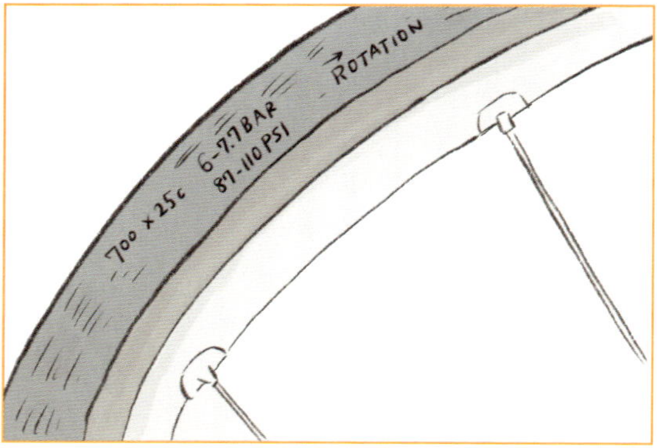

左から、サイズ、適正空気圧、タイヤの転がる方向の記載

タイヤの見方を知っておこう

タイヤは慣れてくると見ただけでサイズがわかるようになるが、タイヤの横面を見ると、ブランド名やタイヤが入るホイールの径の大きさ、太さ、適正空気圧、ローテーション（転がる方向）などが書いてある。

700Cサイズ表記例

タイヤの直径（mm）		タイヤの幅（mm）
700	×	25C
		28C
		32C

etc.

26インチサイズの表記例

タイヤの直径（インチ）		タイヤの幅（インチ）
26	×	1.25
		1.5
		1.75

＊1インチ＝2.54cm

etc.

［サイズの見方］

ヨーロッパとアメリカでそれぞれ表記に違いがあるが、ロードバイクやクロスバイクは主に700C。MTBは26インチ、27.5インチ、29インチと表記されることが多い。メーカーによって違うので要確認だ

仏式
（フランス式）

米式
（アメリカ式）

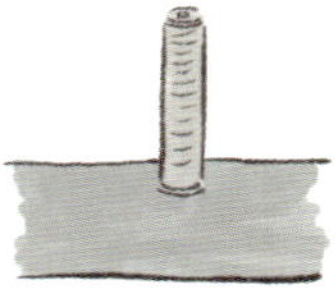

英式
（イギリス式）

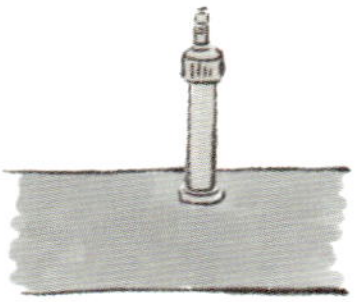

［バルブの種類も要確認］

チューブに付いているバルブには、仏式、米式、英式の３種類がある。形がそれぞれ違うので、自分の乗っている自転車のバルブ形式を確認し、チューブ購入の際は、同じバルブ形式のものを選ぶこと

第5章

あこがれの輪行入門
～Let’s 鎌倉ポタリング

輪行当日
お待たせー
お久しぶりです
本日はよろしくお願いします
しっかし
自転車持ってきましたー
バッチリ晴れましたねー
よろしくお願いしまーす
はい これ 輪行袋 これに入れるためにタイヤをはずしたりするよ
思ったより小さいんですね!!

では さっそく自転車を 分解しよう!!
これは前回も やったね
ハ、ハイ
ブレーキを はずして
つまみを
おこす
キャリパーブレーキのときは つまみを おこすと取れる
クイックレバーを ゆるめてはずす
※38ページ参照
自転車の本体（フレーム）に 前輪を固定する
横ズレしないとこに留める
ポイント
悪い例
ズレる

輪行袋に入れる
途中で肩から
さげるベルトを
付ける
輪行のコツ
3辺を250㎝以内に
収めるように決まっているので
自転車によっては
後輪やペダルもはずすといい
持ち上げるときは
重心が前後に分散する位置を探してかつぐ
（このときはサドル側を前にすると安定した）
このへんサドル
わ!!
思ったより
ラクでした

輪行のポイントは
1満員電車は避ける
2一番前か一番うしろの車両が狙い目
3乗る車両への最短ルートを確認
なのでいったん自転車を邪魔にならないところに置いて
乗る電車までの最短ルートを確認すること!!
STATION
GOAL
階段
or
エレベーター
START

ちなみにわたしは
たたんで入れるだけでした
ニヤリ
折りたたみ
自転車なんで
キー
コンパクト（少し重い）
あ
電車きた
一番前の車両
プシューー
乗務員室
うしろあたりが
一番邪魔にならない
はーい

鎌倉駅
鎌倉駅
うっひょー　すでに人多い
向こうの邪魔にならないところで組み立てよう
ひとまず荷物を置いて
ゆっくり組み立てよう

さっきの逆の手順で
袋はたたんで付ける
じゃーん
しっかり固定
組み立てて完成!!
フッ　わたしはすでに
スタンバイOK
なぜなら折りたたみだから
では　いきますか!
ムシッ
ガーン!
ひど
一軒目はわたしのおすすめ雑貨屋に~♡

って…
もう着いた
まだ10こぎしか
していないよ
自転車久しぶりすぎて
MAP
感覚が徒歩距離に
なってる…
歩いたほうがはやいやんけ
慣れもあるけど
大体
クロスバイクで30km
小径車で20kmくらい
走るのがいいよ
地図を見て
計画しておきたいね

あと
困ったのが服装なんですよー
バリバリの
ロードレーサーみたいなの
ちょっと恥ずかしくて
何着ていいかわかんなくて
ふだん着で
来ちゃいました
少し動きにくいかも
白ブラウス(ロング)
ジーンズ
わたしなんて
わからなすぎて
ジャージだよ
ダサッ
見た目より
動きやすさ
ウェア!?
ウェアなら任せて!!
現役モデル

ポタリングウェア
日射しよけのための
長袖 マスト!!
帽子や
サングラスも
あるとよし
お散歩といっても
汗をかくので
下着やアンダー
ウェアは
速乾性の
ものを
サコッシュが
便利
です
パンツは ストレッチが
効くものが おすすめ
スニーカー
自転車用のも
ある

ポタリングウェア 2

いつもの服でOK!!
手袋があるとラク
突然の雨にも対応できるようレインジャケットを入れておこう
自転車のカラーに合わせてコーディネイトは上級者☆
ハーフパンツにタイツも動きやすいのでおすすめ

気をとりなおして再出発
ん？何か
わたし…
シャーー
遅い？
ねー待ってー
なんでそんなにはやいのー

あー ごめん!! 実はタイヤのサイズ違いで
はやさも変わってくるんだ
ふふん
ですってよ
不… 不覚
!!…
だから人とツーリングするときはタイヤサイズを合わせたほうがいいよー
今サラいいます!?…
しょうがないからゆっくりめに合わせますね
アハハハ
オホホ

あ　あのお店!!
気になります!!
じゃ、入ってみようか
きゃっ　きゃっ
駅から遠い静かな小道にいい店って案外あるよね
穴場てきな
あーわかるーー

いつも歩くのちゅうちょしてあきらめてたとこだったからうれしー
5分くらいしか歩きたくない
発見できたのもゆるゆる走ってたからね
もっと歩け
そうそうそれもポタリングのたのしみだよね
あれ？
お店の中でもヘルメット着けてるんですか(笑)
そうはずすとけっこう忘れちゃうからねー

次はここへ入ろうかー
これは何ですか？
これは自転車スタンド
サドルを持ち上げて
引っ掛ける！
こういうのも
ある
サドルをかける
おしゃれー
でもなんで
みんなスタンドを
付けてないんですか？

んー
かっこわるいから？
まぁ
重いのもあるよね
……
……
スタンド
スタンド
便利なのに
？
？
ふつう
街だと
サイクルスタンド
ほとんどないのに
……
わたしたちは堂々と
スタンドを付けていこう!!
バッ!!
スタンド
かっこわるくない！
支えあう
ザ・スタンダーズ

ハハハ
じゃ先に店入ってるねー
ズッ
……
わたしたちも入ります
そうですね
おーー!!
全部アウトドアウェア!!
かっこよー
くぅっ欲しい!!
おしゃれウェアで自転車乗り回したい
ぐぅぅぅ
花より団子
その前にとりあえず何か食べよう
うん

あらかじめ
チェックしていた
ベーカリーにゴー!
パン〜♡
いただきまーす
ん〜
んま〜
走ったあとって
なんでこんな
おいしいんだろ
次はちょっと走って
海沿いまでいくよー
はーい!!

さ、海にいきますか
カンペキ!
ちょっとー
忘れてるー
ヘルメットー
はっ
うっかりしてた
あぶなー
はい
ね
ね!!
ヘルメットは着けっぱなしがいいでしょ!!
ニヤ
ニヤ

あ〜
江の島〜!!
なんか…
こんなところまで自分の自転車で走れるってたのし〜
ねー!! なんかさ

知らない
土地も　自分の
自転車だと
「近所」って
感じがする（笑）
きもちえー
お散歩の幅
広がるわ〜
というわけで
あっというまに到着〜
湘南江の島
湘南江の島駅
おニューでピカピカ！

山下先生
エレベーター
あっちです!!
5Fがホームでした
輪行袋入れ
完了です
えっ
優秀では…?
君たち吸収早いな!!
ふはー　たのしかったー
もっと
自転車旅したーい!!

そしたら
しまなみ海道なんかどうかな
しまなみ海道？
サイクリストの
聖地のようなとこで
島と島をつなぐ
橋をわたって
本州と四国を
結んでいるんだ
広島
愛媛
自転車専用道路もある
キラ
キラ
キラ
いきます!!
え…
でも片道66km…
ゆっくり
ポタリング旅です!!

輪行に必要なアイテムリスト

・最低限必要なもの

空気入れ（インフレーター）

空気入れは、本体が長いほうが入れやすい。携行する場合は短いタイプを

六角レンチ（アーレンキー）

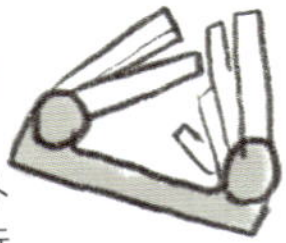

いろいろなサイズがセットになっているものが携行工具にはよい

ヘルメット

遠出をするときは、やはり自転車用のヘルメットがあったほうが安全だ

輪行袋

自転車専用の輪行バッグがないと公共交通機関へ載せられないのでマスト

・あるといいアイテム

パンク修理用チューブ	パンクを想定してパッチタイプの修理キットか替えのチューブを入れておく
タイヤレバー２本	こちらもパンクのときに使うアイテム。いざという場合に備えて持っていたい
自転車用のカギ	買い物やごはんのときに自転車から離れることも。このときに自転車のカギが必要
ペダルレンチ	輪行のときにペダルに体をぶつけるという人は、ペダルをはずすためのレンチを用意
タオル１、２枚	肩に当たる輪行バッグのベルトが痛いときの緩衝材やウエスとして使い道が多い

輪行からスタートする前に

チェックすべき5カ所!!

① ブレーキ

ブレーキが効くか握ってチェック。タイヤが止まらないと事故の原因になるので、必ず実行

② タイヤ

タイヤを浮かせて回し、ちゃんと回転するか見てみる。回らないときはおそらくブレーキが原因

③ ペダル

ペダルの軸がクランクにしっかり入っていて、ゆるんでいないかをチェックしておくことも大切

④ ハンドル

ハンドルがフレームにしっかり固定されてなく、グラグラしていると危険。念のため、走り出す前にハンドルを左右に回してしっかり確認

⑤ 空気圧

適正な空気圧になっているか見る。親指で押してみて空気がパンパンに入っている状態ならOK

Column

山下先生の自転車マメ知識 ④

カスタマイズでより快適な乗り心地を手に入れよう

［Before］

自分の体によりフィットするようにステム長やハンドル幅を変えたり、乗り心地をよくするようサドル、シートポストを替えたりするなど、カスタマイズによって「マイバイク」の乗り心地、愛着度をアップすることができる

［After］

上に挙げたパーツを交換した例。サドルとグリップの色を合わせるとグッとおしゃれに。側部に茶色いゴムが付いたサイドスキンタイヤにすると軽量化&クラシカルな雰囲気にもなる。また、ボトルケージを付ければサイクルボトルを入れられる

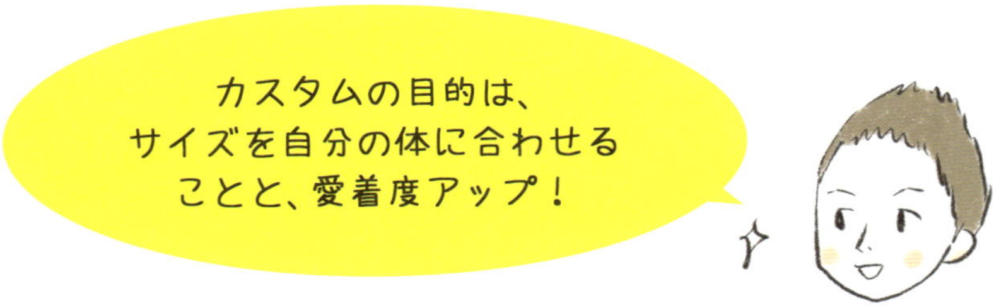
カスタムの目的は、
サイズを自分の体に合わせる
ことと、愛着度アップ！

第6章

夢のしまなみ海道
ポタリングへ

しまなみ海道
前日
ゆうかさん!!
ヘルプミー
着ていく服と
カバンがない
というわけで
ショップめぐりに
山下先生から
教えてもらった
お店にいこう
あ　あそこだ
一軒目
おしゃれすぎ
怖い

さて
何を買えばいいんだ？
？？？
ナニモワカラナイ
ナニヲ？
何かお探しですか？
店員さん
あー 実は…
しまなみ海道を2泊3日でゆるゆるポタリングにいきます
あー!! いいですね
ぼくもいきましたよ 一泊だけですが…
じゃあ宿に泊まりですね
一泊で全部⁉
スゴー
…

お泊まり輪行に必要なアイテム

なによりも自転車を入れられる輪行バッグを！

飛行機、フェリー、鉄道などの公共交通機関の利用には、自転車が完全に収まる輪行バッグという専用のものを用意する。3辺の合計が250㎝以内で、ひとつの直線が 200㎝以下という基準がある

クロスバイクやツーリングバイクの場合は、サドルバッグとフロントバッグにするか、キャリア付きの場合はサイドバッグを付けることもできる。工夫次第で何でも積める

小径車などにはフロントのサイドバッグやバックパックで

小径車は積載する場所が少ないのでフロントのキャリアにサイドバッグ、またはバックパックに背負う

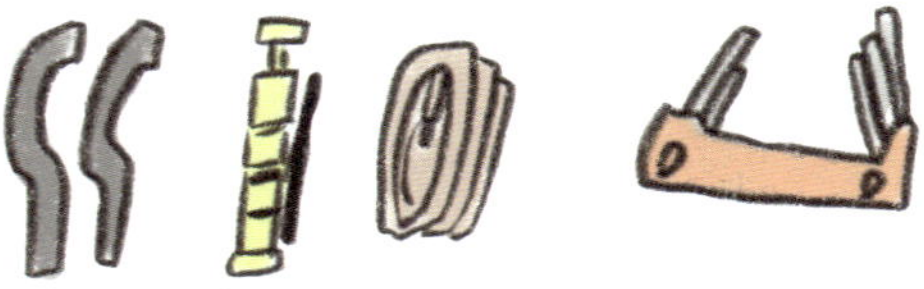

タイヤレバー、空気入れ、予備チューブ、アーレンキーなどの携行工具。パンク修理用のものはひとまとめにしておくと安心

自転車用のヘルメットは頭を守り、命を守ることができる

ヘルメットも自転車専用のものにしよう

泊まりの場合は、身の回り品、日数分の着替え、地図、スマホなどのガジェット充電キット、ペダルレンチ、軍手などもあるといい。忘れないようにチェックリストを作っておこう

よし!! ひと通りそろったね
いい感じの パンツも 買えた!!
ありがとうございましたー
しまなみ 橋の登りが なかなかきつめなんで がんばってくださいね
ニコ
ニコ
!!
なぬ!?

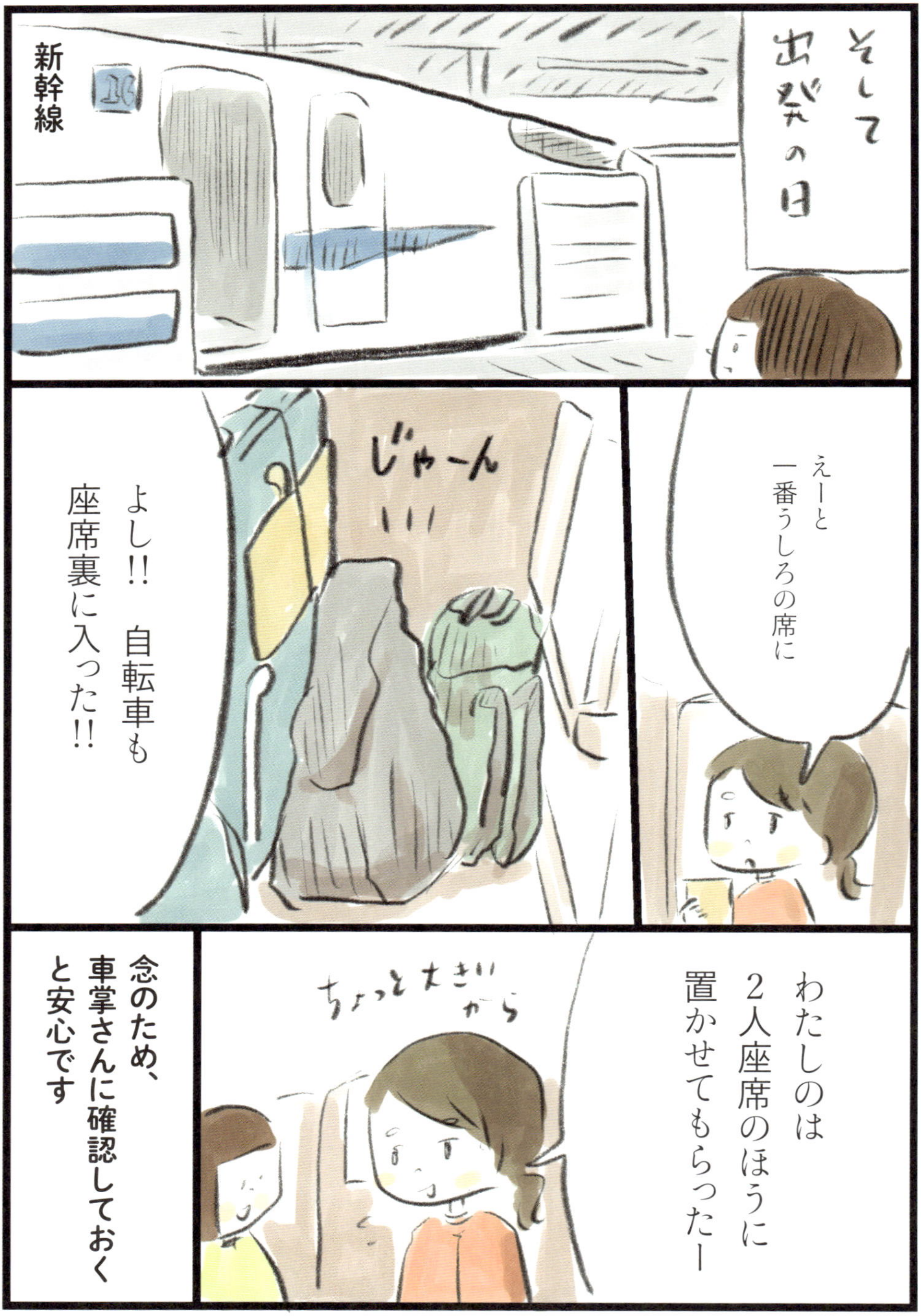
そして出発の日
新幹線
えーと一番うしろの席に
じゃーん
よし!! 自転車も
座席裏に入った!!
わたしのは2人座席のほうに置かせてもらったー
ちょっと大きいから
念のため、車掌さんに確認しておくと安心です

えーと
新幹線で東京から
福山まで行って
東京
3.4時間
福山
20分
尾道
ながい道のり
福山から乗り換えて1本
〜数時間後〜
着いた!
尾道
いやはや
ふつうに
着いちゃったね!!
何事もなく!!
寝てたら着いた!!

あ!! さっそく
自転車の聖地らしい
ところが!!
←自転車組立場
さすが
サイクリストの聖地駅
屋根付き
一見
バスの停留所だな…
よし!! さっそく
組み立てよー
じゃーーん!
荷物サドル付け
荷物横付け

海鮮どーん!!
よっし!!
じゃ
どこ走る?
ミニベロで
走てみたい…
あー
ここいきたい!!
んま〜〜!!
やっぱり
海鮮よね
しあわせ〜
んじゃ
次はー!!
はっさく大福!!
名物らしいです!!
食ってばっかかよ!!
なんか
自転車のための店?
があるらしいよ
ONOMICHI U2
っていう…
んじゃー次
そこで

ぐらっ
あれ
なんかぐらつく？
ちょっ
ちょっと一回確認させて
自転車ヘンかも…!?
え!!
大丈夫!?
あ!!
ネジがゆるんでる
そんなときは
アーレンキー!!
出番よ!!

移動中に
ネジとかが
ゆるむことも
あるのかー
はい!! 完治!!
すごいできる人のよう!!
輪行の移動中は、各部のネジがゆるむこともあるのでよくチェックしよう
ゆるむ
しめる
奥までしっかり入れる!!
アーレンキー
ONOMICHIU2
U2
おしゃれさがすごい
あと自転車に荷物置きっぱなしで駐輪するのが気になる
たしかに

貴重品をバックパックに入れて移動
どこいくの？
自転車置いて
フフ〜
はっさく大福のお店よ
閉店
!!
あう〜〜
ドンマイ
気をとりなおして千光寺へ
ヒュー!!
ぜっけい〜!!
せとないかーい

あっ
あの奥にうっすら見えるのが
空に浮かんで見える
我々が目指す島々では!!
きゃー
よっし!!
そろそろ島いきますか!!
やるよ!!
ちょっと待って
その前に1つだけお願いが〜!!
へ!?
何かモンダイ?

商店街にはっさく大福が
売っているお店が
しんけん!!
おみやげ
しつこいな!!
お休みさせて頂きます
つらっ
ボー
はっさく…
大福…
はやくいくよ!!
尾道
向島
向島運航
尾道から
向島までは
フェリーに乗って
いきます

なんか
あっというまに着いたね向島
向島
日本一短い船旅って書いてあった
どっかのHPに
今日の宿まで4km
ゲストハウスがみがみ‥
今日5kmくらいしか走っていないね
あった！ゲストハウス
あ!!
自販機でタイヤチューブ売ってる!!
!!
さすが聖地!!

ゲストハウスの中にもいっぱい自転車グッズがあるし～♪
フットマッサージ機もあった!!
いたせりつくせり
自転車乗り多いからねーいろいろ準備してるよ
ゲストハウスの奥さま↓
はっ!!
はっさく大福売ってますか!?
まだいってる
それはないけど次の因島にあるよ!!
そのハナシもっと詳しく教えてください
翌日AM11時
また来てねー!!
はっさく大福
食べてね
いってらっしゃーい!!
いってきまーす!!
はっさくし♡

なんか…
日本一周する勢いの出だしだね
ブハハッ
たしかに!! 出会いと別れ!!
ただのゆるポタなのに!!
しかし
自転車ってこう…
青春!!ってかやってやるぜ!! みたいな気持ちになるよね
なんかわかる!! 若返り!?
ってか少し童心にかえるよね

目指せー日本一周!!
じゃなくて
目指せ!! 愛媛県〜!!
おーーい!!
って次の橋見えた!!
はやっ
自転車専用ルートだ〜 すげー

登
ぐぬ
この…
ゆるやかな登りが
走れるけど…
きつい
うおー!!
いよいよ橋に
橋〜!!
全面アミ張りで
景色が見えん!!
アハハハ
テンション
上がりすぎたん

……!!
……!!
何かさけんでるで。
何かしゃべってるけど全然聞こえねー
でれー……が
……だ
風の音やクルマの音で相手の声が聞こえない
ツーリングあるあるです
どーーーん
はっさく大福
大福

!!
んま～!!
すっごー!!
はっさくでっかい大福やさし～!!
イチゴやみかんもある
全部因島産
しかもさっき渡った橋を見ながら
食べるってのもいいねー
まだ6kmしか走ってないけどね
ギクッ
あと何km?

因島《いんのしま》　生口島《いくちじま》
大三島《おおみしま》までいくから
生口島
ココから
因島
ココまで
大三島
あと25kmくらい?
ひぃぃぃぃ
いま　昼?!
やばい先をいそごう
ガタ
日が暮れる
冬は日が短い!!
うおー
生口島への橋ー!!
うおー

そして
やっぱ登り
海沿い気持ちいいけど
見てる余裕がない
このミニベロという
小さいタイヤ
外径 幅
18×1.5
大きいタイヤよりも
こぐ必要が
あるから
しんどい!!
まるで
ハムスターの
気分!!
おなかすいた
うますぎる!!
タコメシを食らう!!

おいし〜〜
うおおお!!
おいしすぎる
タコの出汁!!
どうしよう
いくらでも
食べられる
イカより
タコだよ
やっぱ
錯乱
or
あっ
どうした!?
あと5㎞くらいしかないや
へ?。
よゆーで16時には着くよ
いそぎすぎた

余裕で着いた
しかも宿から送迎付きお風呂さいこ～
温泉サイコー
そして食べたばかりなのに
オコゼ料理大量!!
オコゼおいしー
すごいいつもより
ごはんがおいしく感じるー

ぷは〜
おなかいっぱーい!!
めっちゃ運動したし罪悪感なし!!
今日30kmくらい走ったよね
あんま実感ないけど
すごいねー!! 走りやすいからあっというま 疲れたけど

いい景色のなか運動して食べて風呂入って寝るだけの休日
お散歩レベルの速さだけど
最高かよー
自転車すごー!!
たっぷり寝て翌日
ピッカー!!

晴れた！
空あおーい
キレーだー!!
海の色全然違う
目指す伯方島《はかたじま》からの
ラスト大島からの
今治《いまばり》へ
大三島
伯方島
大島
え…もう今日ゴールなの！
はやくない？
60kmって…
走ると案外はやいものね…
たのしいから？

まぁ今日一日
たのしもう!!
だね!!
さっそく
はかたの塩アイス～
塩味だけど
甘味がきいて
おいし～
食べてばっかり
そして本日
2つ目の橋
自転車って
いい被写体に
なる～♡
マイ自転車と海♡
気づいたら
わたしのフォルダは
フフフ…
マイちゃり♡
自転車だらけに
なりました

大島を抜けて
ラストヤー
全長約4km
最後の橋
来島海峡大橋
4kmも全長がある
橋から
見える景色を
目に焼きつけるように
ゆっくりゆっくり
走ります
あー
終わっちゃうのかぁ…

まだまだ走っていたいなぁ…
2泊3日のゆるポタライフな旅、終わる!!

エピローグ　自転車のある毎日

カスタムは1回500円からの料金でできますお好きなパーツをお選びください
へー
昔買ったクロスバイクちょっとデザインが気に入らないからカスタムしようと思って…
カスタムは古くなった部品を替えるという意味もあるので
いいタイミングですね

へ〜
古くなった部品を替えてカスタマイズか…
自分の愛車と長く愛情をもって付き合うってことなのかもなぁ
じゃーーん!!
おー！生まれ変わった
わが相棒!!

うちは全パーツあるので少しずつ替えていくのもいいっすね
はい‼ また来ます
ヒュー♪
クロスバイクはやっぱミニベロよりはやいなー
この風を切ってほどよいスピード感でお散歩する感じ
やっぱ自転車サイコー‼

一方 かよみは
キキッ
会社のセンパイ
お
今日も自転車?
おはよーございます
そうですー!! 天気もいいし
毎日えらいねー なんか少し スッキリしたんじゃない?

へへー
そうですかね
山下さんがいうには
やせるかも
自然に筋肉がついて
基礎代謝も上がるよー
っていわれて下心で
自転車通勤したけど
はじめてみたら
電車で満員なの
我慢するより
ギュウ
ギュウ
ずっと気持ちが
よかったんだよね

うんうん!!
わかるー
電車なー
お茶中
前は10kmって
聞くと
えーだったのに
今はふつうになったし
自分の行動範囲が
広くなったー
最近は　短い距離は
ミニベロで
途中で電車に
乗るようにしてる
自由さがすごい!!
ミニベロも
欲しくなるよねー
いいなー

んで次はどこいくよー
じゃーん
あ!! 三重県に自転車がそのまま載せられる電車があって
うおーいいね
歩くお散歩よりちょっと遠くにいけるポタリングライフ
今度はどこにいこうかなぁ

あとがき

ざっくりとした目的地を決めて、自転車をこぐ休日。ふと気になった路地裏だってすいすい走れば、今まで気づいていなかった素敵な場所を発見することもあります。「いつもの日常をほんの少しだけ冒険に変えてくれる」。それがわたしにとっての自転車であり、ポタリングという遊びです。この本を通してわたしが感じたワクワクな冒険心がみなさんに伝わってもらえたらうれしいです。

Let's ゆるポタライフ

2019年8月25日　初版第1刷発行

著者　こいしゆうか
監修　山下晃和

発行人　川崎深雪
発行所　株式会社　山と溪谷社
〒101-0051　東京都千代田区神田神保町1丁目105番地
http://www.yamakei.co.jp/

■乱丁・落丁のお問合せ先
山と溪谷社自動応答サービス TEL.03-6837-5018
受付時間／10:00-12:00、13:00-17:30（土日、祝日を除く）

■内容に関するお問合せ先
山と溪谷社 TEL.03-6744-1900（代表）

■書店・取次様からのお問合せ先
山と溪谷社受注センター
TEL.03-6744-1919
FAX.03-6744-1927

印刷・製本　株式会社暁印刷

*定価はカバーに表示してあります
*落丁・乱丁本は送料小社負担でお取り替えいたします

Printed in Japan ISBN978-4-635-24239-4